AF247730

PÉTITION

ADRESSÉE

A MESSIEURS LES DÉPUTÉS

EN FAVEUR DES RÉSIDENTS FRANÇAIS

DE LA RÉPUBLIQUE ORIENTALE DE L'URUGUAY,

RETENUS EN OTAGE AU DURASNO.

PARIS,

IMPRIMERIE D'E. DUVERGER,

RUE VERNEUIL, N° 4.

1847.

Victime d'une grande infortune amenée par les événements politiques du Rio de la Plata et ruiné par ses conséquences, je suis retourné en France, dans le seul but de soumettre les faits purs et simples aux représentants de mon pays.

Je leur ferai connaître des calamités dont on ne se doute guère en Europe. Elles sont déplorables quant aux faits accomplis et très graves surtout par les conséquences qu'on doit en attendre.

Les faits accomplis appartiennent à l'histoire, mais leurs conséquences dépendent encore de la direction que la sagesse éclairée de la Chambre saura imprimer désormais à cette question.

Éloigné par caractère et par ma position des débats politiques qui s'agitent au Rio de la Plata, je ne veux et ne dois m'en occuper que pour dire l'état vrai de la question.

Véritable protée, elle a échappé aux investigations des hommes sérieux qui ont tenté de s'en saisir jusqu'ici, et ils sont peu nombreux en Europe. Entre autres causes, ce malheur naît de la diversité des opinions émises dans le but de faire réussir des intérêts opposés.

D'une part, en effet, on voit l'intérêt commercial, industriel ou rural des étrangers établis sur les bords de la Plata, tandis que d'autre part on trouve l'intérêt individuel, celui des sympathies et celui des coteries. Enfin, et au-dessus de tous ces intérêts, est celui du gouverneur de Buénos-Ayres.

Ce conflit d'intérêts complexes semble avoir dérobé jusqu'ici aux gouvernements de France et d'Angleterre la connaissance des intérêts réels de l'Europe en Amérique.

Je dis en Amérique, MM. les Députés, quoique la question ne s'agite actuellement qu'au Rio de la Plata, et je vous supplie de ne pas l'oublier, car voici la situation de fait :

L'univers politique a les yeux sur le Rio de la Plata, où la France et l'Angleterre ont engagé une lutte qui les tient moralement en échec.

De l'issue de cette lutte dépendra le sort des rapports internationaux dans l'avenir.

Or, en acceptant ces faits actuels tels qu'ils sont, et sans écouter aucun des divers intérêts affectés par cette question, il faut la résumer en peu de mots. La médiation anglo-française, au Rio de la Plata, a voulu quelque chose ou elle n'a rien voulu. Si elle n'a rien voulu, elle est responsable du sang versé sans but, des ruines et des désolations de tout genre qu'elle a causées au Rio de la Plata. En Angleterre elle fut l'œuvre exclusive du cabinet; en France, au contraire, le cabinet y fut poussé par la Chambre. Voilà deux faits qui méritent la plus sérieuse attention. Si, au contraire, la médiation combinée a voulu quelque chose, ce ne peut être que l'indépendance de la république orientale de l'Uruguay, puisque ce vouloir a été proclamé hautement par les cabinets anglais et français en 1845.

Les événements prouvent que les moyens employés jusqu'ici ont été inefficaces.

A la Chambre il appartient de rechercher les causes de cette inefficacité.

La définition de ces causes ne forme pas l'objet de cette pétition ; son but est tout de moralité et de bienfaisance : c'est d'appeler vos sympathies sur des calamités tellement horribles qu'il est impossible qu'on en conçoive en Europe l'existence dans notre civilisation actuelle. Dans ce but, je m'impose la tâche de n'occuper l'attention de la Chambre que du récit de faits accomplis.

Homme de paix et d'industrie, la passion politique, qui jette la frénésie dans les esprits au Rio de la Plata, ne saurait m'avoir atteint ; j'ai vu, j'ai jugé, je me suis tu, car j'ai vécu loin du centre autour duquel gravitaient les passions rivales, jusqu'au jour où, arraché au foyer de mon industrie rurale, j'ai vu commencer les calamités que je vais raconter.

Au milieu des désastres de cette guerre si longue a eu lieu un événement qu'il faut regarder comme une catastrophe sans exemple dans notre époque.

Comprend-on, en effet, qu'en un jour, à une même heure, plus de huit cents familles, disséminées dans un rayon de soixante-dix lieues, se soient vues frappées de ruine et menacées de mort pour le seul crime d'être nées en France ou en Angleterre?

Voilà, messieurs les Députés, l'affaire énorme pour

laquelle j'invoque votre attention et aussi toute votre sollicitude.

Eh bien! ce fait étrange autant que déplorable s'est accompli le 10 septembre 1845, dans la campagne de la république orientale de l'Uruguay, en représaille des premiers actes coercitifs de la médiation anglo-française. Or, cette mesure politique frappa précisément la partie de la population anglo-française qui vivait paisible dans la campagne, occupée uniquement du soin de ses intérêts. Et cependant il ne s'est pas élevé une seule voix, en France ni en Angleterre, pour appeler les sympathies du pays sur ces victimes d'un malheur inouï autant que peu mérité!

Au plus fort de cette crise politique qui a ruiné tant de fortunes et détruit l'avenir de tant de familles, un épisode a eu lieu, terrible dans ses détails et pitoyable dans ses résultats; je veux parler de la concentration opérée, dans le village de Durasno, de la partie des résidents français et anglais qui étaient établis sur les rives gauches du Rio de la Plata et de l'Uruguay.

Victimes de cette mesure dictée au général Oribe sans doute par l'intérêt de sa défense, sur eux s'est appesantie toute la rigueur d'une captivité remplie d'amertumes, après qu'ils se sont vus arrachés à leurs foyers et dépouillés de leur propriété, même de tous leurs droits. Les détails de cet épisode horrible sont inutiles; il suffit d'en constater le fait, car chacun de ces malheureux est tout un drame vivant.

Seulement il faut dire comment s'opéra l'arrestation des résidents français et anglais dans la campagne. Surpris isolément dans leur domicile par la force armée, disséminée *ad hoc*, les résidents furent sommés de se reconnaître prisonniers. On leur permit d'emporter seulement quelques nippes, et leurs maisons restèrent à la disposition de la soldatesque. Enfin on les dépouilla de l'argent qu'ils portaient, puis on les emmena à travers les champs, à pied et par bandes séparées, sous bonne escorte. Pendant le voyage, on les nourrissait de viande et d'eau; la nuit, on les attachait par les pieds à des poteaux plantés en terre, sur laquelle ils couchaient, ainsi garottés, à l'intempérie et privés même des vêtements dont on les dépouillait à mesure qu'ils avançaient vers l'intérieur du pays. Ainsi traités, ils arrivèrent successivement par colonnes. Une de ces colonnes (la sixième), formée à Saint-Salvador, n'est jamais arrivée au Durasno. Elle était composée de trente-deux Français.

Les prisonniers, concentrés dans ce village, y furent conduits en cinq colonnes, préalablement épurées de ceux qui acceptèrent une place dans la milice du pays pour se soustraire aux misères de la captivité. Cette mesure réduisit leur nombre à deux cent quarante-huit, dont environ soixante Anglais, les autres étant tous Français.

Confinés au Durasno, sans linge, sans argent et sans moyen aucun pour s'en procurer, on comprend quel était l'état moral de ces malheureux, surtout pour ceux d'entre eux qui, vivant la veille dans le bien-être d'une grande propriété rurale, se virent réduits, le lendemain, à vivre d'hospitalité et d'aumône! Leur désespoir était grand; ils voyaient un passé heureux détruit à tout jamais, et l'avenir s'offrait à eux plein de doutes et d'alarmes. Dans un pareil état, le seul moyen de salut était dans une tentative d'évasion.

J'ai été le premier à m'y résoudre, avec mon frère et le berger-chef de notre établissement; et vous me permettrez, messieurs les Députés, d'extraire le récit de cet événement du rapport adressé par moi à l'autorité française de Montevideo, et qui a été remis au ministère, apostillé par M. le baron Deffaudis. Ce ne sera pas long.

« Nous nous évadâmes du Durasno à huit heures
« du soir, le 12 octobre 1845, sur une frêle pirogue,
« au moyen de laquelle nous osions entreprendre un
« voyage de plus de quatre-vingts lieues. Après avoir
« naufragé, au lever du soleil, sur la rivière le Yi,
« au grand péril de notre vie, nous fûmes repris et
« reconduits au Durasno, ayant les bras attachés par
« derrière le dos et coude à coude.

« La conséquence de notre évasion frustrée fut pour
« nous de cent jours de prison, dont soixante-quatre
« jours et nuits avec les fers aux pieds !....

« Je déclarai que je préférais être fusillé plutôt que
« de subir cette ignominie ; on ne m'écouta pas; mais
« on me mit aux fers avec mes deux compagnons d'in-
« fortune et d'évasion. Ces fers, nous les avons por-
« tés sans faiblesse. »

« Appelé, plus tard, au quartier général devant
« Montevideo par les bons offices de notre ami le
« docteur Vavasseur, de la Faculté de Paris (lequel,
« à cause des bienfaits sans nombre de sa philanthro-
« pie éclairée, n'avait pas été conduit comme nous

« jusqu'au Durasno, quoique enlevé avec nous de
« notre domicile qu'il partageait), je fus conduit de-
« vant M. le général Oribe.

« Je lui exposai nos griefs avec toute l'indépen-
« dance que donne une conscience sans remords,
« après un supplice long et terrible autant que peu
« mérité. M. le général Oribe m'écouta avec l'atten-
« tion due à nos malheurs, et il est vrai de dire que
« lui et les personnes qui l'entourent s'efforcèrent,
« dès lors, de me faire oublier, par de bons procédés,
« les misères passées qu'ils rejetaient sur la violence
« et la rapidité des événements politiques. »

Mais c'est assez occuper la Chambre d'une infortune personnelle ; il faut la confondre avec les souffrances de tous les autres prisonniers retenus comme
nous au Durasno, en qualité d'otages.

Le châtiment infligé aux premiers qui se rendirent
coupables de tentative d'évasion, au lieu d'étouffer
sous la peur le besoin de liberté parmi les prisonniers,
exalta les esprits, et, huit jours après, deux Anglais
imitèrent cet exemple ; mais leur sort fut pareil au
nôtre. — Ils avaient pour rame ou gouvernail de leur
nacelle, faite avec une peau de bœuf, une pelle de fer !
L'un d'eux, pris et ramené au Durasno, fut mis aux
fers comme nous et avec nous ; l'autre se noya dans
la rivière, entraîné par le courant.

Malgré ce nouvel échec, huit jours à peine avaient
passé, lorsque quatre autres prisonniers français
s'évadèrent aussi. Alors le commandant du village,
craignant pour sa propre responsabilité au sujet des prisonniers confiés à sa garde, résolut d'enfermer les deux

cent trente-neuf prisonniers qui restaient au Durasno.

Ce n'était pas un spectacle peu affligeant que de voir réduits en captivité un si grand nombre d'hommes laborieux, dont le seul crime était d'être nés en France et en Angleterre ! L'unique reproche qu'on eût à leur faire, c'était d'avoir eu foi au droit des gens et d'être restés dans la campagne depuis le commencement de la guerre, précisément pour vivre loin du tumulte de la politique. Ces malheureux, entassés dans une maison qui pouvait à peine les contenir et couchant sur le sol, couverts de haillons, vivaient dans un état très digne de pitié.

Véritable fourmilière d'hommes, leur prison offrait le spectacle de tout ce qu'il y a de hideux dans une pauvreté complète, au milieu d'une désespérante captivité. Ce tableau de haillons et de souffrances s'étalait à la vue du public, à travers les grilles de fer des fenêtres qui formaient la seule fermeture de la prison. Le peu d'étendue du local eu égard à leur nombre. les chaleurs de l'été, une nourriture insuffisante et malsaine (de la viande bouillie sans autre), le défaut d'exercice, et surtout leurs vêtements en lambeaux et qu'ils ne pouvaient renouveler, enfin les dégoûts attachés à une captivité non méritée, pour des hommes habitués, la plupart, à une vie laborieuse dans laquelle ils trouvaient bien-être et santé ; tous ces maux cumulés donnèrent bientôt aux prisonniers un aspect cadavéreux. La dyssenterie et des fièvres lentes les tourmentèrent tour à tour, et on eut à craindre pour un moment l'apparition d'une sorte de typhus des prisons qui les eût décimés. Mais il n'en fut rien, et ces cadavres ambulants résistèrent à tant de causes de mort, grâce surtout à la salubrité de ces pays favorisés par la nature autant que maltraités par les passions de l'homme. Je passe sous silence l'inutile récit des mille petits chagrins journaliers, de ces douleurs de coup d'épingle qui les torturaient ; on les comprend sans peine. Mais il faut dire que cette minorité souffrante de la population anglo-française confinée au Durasno a déployé, dans ces terribles épreuves, une constance digne d'un meilleur sort. Victime de sa neutralité avouée, au milieu des passions de l'esprit de parti, et dépouillée violemment de tous ses droits, elle mérite, par les souffrances qu'elle a endurées, une protection efficace.

Au récit de ces faits il faut ajouter quelques considérations dont la gravité devra frapper l'esprit de MM. les Députés.

On ne saurait se dissimuler que, vu l'état social des populations qui habitent la campagne au Rio de la Plata, la concentration violente des étrangers, opérée par la force armée, ne soit un fait très déplorable à cause de ses conséquences pour l'avenir des rapports avec les Européens.

Pour comprendre la haute portée de cette assertion, il suffira de dire quelle était la position des étrangers, surtout celle des Français dans ces pays, avant la guerre qui les désole, depuis tantôt cinq ans.

La population française à Montevideo, mais principalement dans la campagne, exerçait une influence favorable sur le pays en général ; c'était celle de l'individualité imposée par le grand nombre de Français répandus dans la campagne. Sympathie de religion et de caractère, sympathie de langage que le Français apprend facilement, en donnant à son expression une tournure originale qui plaît à l'Américain ; enfin sympathie de goûts que le Francais accepte volontiers, quand il ne peut pas les imposer à l'étranger, la pensée française, modifiée d'après les influences du pays, exerçait, par ces sympathies réunies, une pression morale permanente dans son contact habituel avec la famille du pays sur toute l'étendue de la campagne, aux mœurs originales de laquelle le Français prêtait l'agrément de son caractère pétillant. C'était un titre de plus auprès de l'homme des champs, habitué à l'isolement.

Eh ! qu'on se garde de croire que cet avantage fût exclusif pour le Français ; au contraire, car il n'était, pour bien dire, que la cheville ouvrière qui unissait l'Américain à la civilisation européenne, dont le Français était pour lui l'expression la plus sympathique. Tous les étrangers profitaient donc de ces sympathies dont la population anglaise retirait le plus grand bénéfice, à cause des capitaux considérables qu'elle introduisait dans la campagne, par le travail des bras français qui les y faisaient valoir en grande partie.

On le voit donc, les influences anglo-françaises prospéraient simultanément et l'une par l'autre. Ce fait prouve évidemment que la plus grande faute politique qu'on pût commettre, au Rio de la Plata, serait la disjonction des deux influences.

A tous ces avantages se joignait l'habitude, deve-

nue loi pour l'Américain, de respecter la personne
et la propriété de l'étranger comme l'arche sainte,
à laquelle il ne fallait pas toucher, et l'étranger était
respecté dans sa personne et ses biens, même au milieu des tiraillements de la guerre civile, car chacun
des partis s'efforçait de gagner les sympathies de
l'étranger.

Telle était la situation heureuse de l'Européen
dans ces pays avant la guerre actuelle. Prouver que
l'avantage de cette situation a été perdu par des
causes quelconques serait chose facile. Mais à quoi
bon des détails oiseux depuis que les faits ont parlé
haut et spontanément? Ne suffit-il pas de constater
que cet avantage a été perdu le 10 septembre 1845 ?
Ce jour a vu finir la prérogative que le pays propre-
ment dit, c'est-à-dire l'habitant de la campagne, re-
gardait comme innée chez les étrangers, en leur personne et leur propriété.

Or, la violation de l'étranger dans sa personne et
sa propriété, exécutée en force d'un ordre supérieur,
a fait comprendre à ces hommes simples, sans idée
fixe des droits sociaux et moins encore internationaux, qu'ils pourraient s'arroger désormais le droit
d'agir violemment contre ce qu'ils avaient cru jusqu'ici être inviolable. La conséquence forcée de cet
argument de fait sera, pour ces hommes sans droit
connu autre que celui de la force, un précédent qu'ils
n'oublieront jamais, quoi qu'en ait l'autorité à l'avenir,
et ils en feront l'application péremptoire à la simple
instigation de leurs besoins ou des instincts mauvais,
à moins qu'une réparation formelle, offerte et accep-

tée avec franchise et dignité, ne vienne impressionner l'esprit des habitants de la campagne, en leur faisant connaître que l'atteinte portée aux droits de l'étranger paisible a été une énormité dictée par la violence et la rapidité des événements politiques, mais qu'on se hâte de la réparer, aussitôt la crise passée.

Il est donc clair que désormais la résidence de l'étranger dans ces pays serait la vie du condamné attendant l'exécution d'une sentence autorisée par un précédent irrécusable, si une juste réparation ne venait pas effacer l'impression fâcheuse de la violation dont les résidents paisibles ont été les victimes. Or, c'est là un effet à obtenir qui convient également aux gouvernements du Rio de la Plata, quelle que soit leur couleur politique, et aux cabinets de France et d'Angleterre ; car, en l'obtenant, on évitera pour l'avenir des embarras qui deviendraient de plus en plus graves si on ne fixait pas, par une juste réparation, la ligne de démarcation des droits réels de chacun.

Voilà, MM. les Députés, la grande question soumise à votre bienveillance et aussi à votre sagesse, au nom de vos deux cents compatriotes auxquels j'ai promis d'élever jusqu'au pied du trône, par votre digne organe, le cri de leurs souffrances, pendant qu'ils les enduraient dans les prisons du Durasno, comme otage de la guerre qui désole ces pays.

En effet, que les intérêts européens aient eu à souffrir par le fait de la guerre au Rio de la Plata, c'était inévitable, comme dans tout pays en état de guerre ; mais que des résidents paisibles, qui avaient souffert en silence les malheurs généraux de la guerre,

aient été, par une mesure toute spéciale et en de-
hors des événements de la guerre, arrachés à leur
foyer, dépouillés de leurs biens et réduits en captivité en qualité d'otages, c'est un fait qui n'est plus
le résultat obligé ou inévitable de la guerre, et il est
trop grave pour que les gouvernements de ces victimes le laissent passer, sans obtenir la juste réparation qui leur est due à tant de titres.

Victime de cette calamiteuse aventure, je ne demande pas vengeance, mais seulement mon droit,
par la justice. La refuserez-vous à la voix de deux
cents infortunés, presque tous pères de famille, qui
vous implorent par mon organe?

Non, vous ne repousserez pas ce cri de leurs douleurs, MM. les Députés; vous n'aurez pas ce triste
courage, je le dis hardiment, et, animé d'une juste
confiance envers les représentants de mon pays, je
demande :

1º Que la Chambre exige la solution immédiate de
la question de la Plata ;

2º Qu'elle vote un secours immédiat et personnel
pour chacun des deux cents prisonniers retenus en
otage au Durasno, pour mettre un terme à leur
misère, en leur permettant de travailler à la réparer.
Pour ma part, j'abandonne à mes compagnons d'infortune ma quotité personnelle, pouvant attendre
l'indemnité générale, grâce aux sympathies qui ont
accueilli ma ruine.

3º Qu'elle exige que, dans le traité de paix, il soit
stipulé une indemnité égale au chiffre des pertes ma-
térielles éprouvées par les otages du Durasno.

Est-ce trop demander, pour des chefs d'ateliers ou des ouvriers qui ont été dépouillés en un jour du fruit de longs travaux et qui ont vu le matériel de leur forge, de leur menuiserie, etc., etc., employé au service de l'autorité pendant qu'ils souffraient, dans la captivité, la faim et les misères, tandis qu'ils travaillaient eux-mêmes gratuitement pour cette même autorité ?

Est-ce demander trop pour des propriétaires qui ont été arrachés à leurs foyers, en laissant à l'abandon leur industrie qui avait prospéré, malgré la guerre, jusqu'au jour de leur expropriation forcée, et qui retrouveront leur établissement en ruine par le seul fait de l'abandon depuis plusieurs années ?

4° Que la liquidation des dommages-intérêts dus à tous ceux qui ont eu à souffrir dans leur fortune soit fixée dans le traité par la formation d'une commission mixte qui devra commencer ses travaux immédiatement après la signature du traité et sous le haut patronage des gouvernements intervenants.

MESSIEURS LES DÉPUTÉS,

En faisant droit à ces demandes, vous aurez appliqué le seul remède possible sur des plaies encore saignantes et que vous pouvez cicatriser ; mais si les échos de votre enceinte restaient muets au cri d'une si grande infortune, eh bien ! vos malheureux compatriotes qui en sont les victimes n'auraient plus d'autre ressource que la résignation, ou bien le désespoir.

Benjamin POUCEL